Piero Pellicano

La dittatura

delle Potenze Occulte

© *2013 di Edoardo Longo. Tutti i diritti riservati.*

ISBN 978-1-291-45410-9

Edizioni della Lanterna

Catalogo : http://www.lulu.com/spotlight/antizog

Sito Internet : http://edizionilanterna.blogspot.it/

Tel : 338.1637425 - Email : longolegal@libero.it

Seconda edizione, novembre , 2013 - © copyright Edizioni della Lanterna - Prima edizione Edizioni Signorelli, Roma, 1937.

La dittatura delle potenze occulte

Gli affiliati alle sette occulte, da duecento anni dominano le nazioni, le sconvolgono, s'impadroniscono del denaro nazionale, martirizzano gli uomini e seminano ovunque la discordia. Essi sono i nemici dell'umanità. Quale è lo scopo delle società segrete? Distruggere la civiltà latina e sostituire alla sua universalità lo speciale internazionalismo di cui esaminerò i principali aspetti. Questa gente ha anche una mistica : costruire la repubblica universale democratica con il sistema del confusionismo platonico ; ed una religione che permetta all'uomo, organizzato internazionalmente e segretamente, di ridersi di Dio. La divinizzazione degli istinti oscuri dell'uomo è l'espressione delle società segrete, ma anche il nocciolo dei romanzi moderni e delle teorie pseudo scientifiche : l'inglese Lawrence e l'ebreo Freud.

I sacerdoti dell'animalismo e dell'ateismo operano in segreto, ma se occulti sono i loro riti è chiara la comunione tra occultisti e comunisti, massoni e occultisti, liberalisti e occultisti. E' tutto un formicaio sotterraneo che lavora febbrilmente ; molti avvenimenti pubblici, rivoluzioni, scismi e la manifestazione dello squilibrio spirituale delle nazioni moderne sono comprensibili riconoscendoli come sviluppi di queste potenze. Le quali sono infeconde, perchè erotismo e animalismo sono la base dei loro riti e anche delle dottrine maltusiane, cioè della politica antidemografica ebraico-massonica. In ogni tempo le scelte occulte hanno proclamato che la castità, intesa come infecondità, era uno dei principali canoni della loro religione ; e hanno sempre valorizzato i solitari amanti della morte definita , lanciando anatemi contro i padri e le madri di famiglia. I componenti le società segrete, e le genti pseudo moderne che sono i loro schiavi, attribuiscono i diritti religiosi alle persone infeconde. Ma i diritti civili debbono essere devoluti alle persone feconde ; i governi che in politica demografica non obbediscono a questo imperativo categorico dimostrano di tradire la loro missione ed essere al servizio delle potenze occulte.

Quando le molte religioni diffuse nelle terre dell'impero non avevano ancora ricevuto il crisma romano e conservavano i caratteri di società segrete, Roma fu costretta a difendersi aspramente dai settari che per distruggere lo Stato proclamarono la necessità della vita solitaria.

Antichissime sono le origini delle società segrete, ma il loro programma è sempre lo stesso : opporsi alla sviluppo delle nazionalità. Ciò significa opporsi all'evoluzione della civiltà moderna, che si identifica con il concetto di patria e di sforzo nazionale nel cerchio della universalità spirituale delle nazioni. Quindi, gli affiliati alle varie sette occulte conservano, sotto le false spoglie dell'individualismo, i primitivi istinti collettivi degli uomini, le pesanti catene dell'immobilità.

Li chiamano impropriamente muratori, alchimisti, illuminati, ma sono gli scontenti e i fuoriusciti : in altre parole, sono i traditori delle loro patrie. E' un nemico innominato, al quale un gentiluomo non darebbe l'onore di una partitta di armi, e di cui bisogna liberarsi poi che è venuto il tempo di fare il bilancio delle società segrete e metterle in liquidazione.

La Federazione Internazionale Massonica, cioè la riunione delle sette occulte dei vari paesi, è nata in Inghilterra nel 1717 per opera dell'inglese, studioso di cose coloniali ed egitologo, Elia Ashmole. Non senza una ragione, gli occultisti hanno scelto l'Inghilterra, oltre che per il buon nome dell'ospitalità inglese. Eccola : in Inghilterra, l'occultismo è assai apprezzato. Sembra che la consuetudine bisecolare di trafficare per necessità coloniali con gli uomini selvaggi abbia lasciato nell'animo dei conquistatori tracce della inconsapevolezza che è nelle foreste vergini e di quella aridità che intristice i deserti. Ma potrebbe anche essere la vendetta degli schiavi, cui ogni bene materiale è stato confiscato e in cambio nessuna spirituale civiltà è stata offerta, contro i padroni ; e potremmo pensare che la religione dei negri, cioè l'occultismo, sia stata insensibilmente assimilata dagli inglesi. Non è la prima volta nella storia che gli oppressi impongono spiritualmente la loro legge, e non sarà l'ultima.

M. H. Price, direttore del Laboratorio Nazionale delle Ricerche Fisiche di Londra, nel " Morning Post " del 16 gennaio 1931 comunicava che l'occultismo, la magia, la stregoneria, le arti nere, contano attualmente in Inghilterra più fedeli che non nel Medioevo. E poi nelle Britannia le società segrete hanno una graziosa particolarità : anche i re e i nobili signori ne fanno parte. Senza dubbio la massoneria è in Inghilterra organo di governo dal giorno in cui il principe Carlo Stuart ne fece uno strumento politico. Ma è pur certo che presso i popoli selvaggi gli stregoni hanno alla corte dei sovrani funzioni di governo, abitano sotto la tenda del capo supremo e ne sono i consiglieri.

Dall'Inghilterra, la federazione massonica nel 1721 ha gettato le basi della rivoluzione francese istituendo la Grande Loggia di Francia : in virtù di questa importazione, la Francia è stata dominata per due secoli da una società segreta internazionale. E Napoleone è morto in prigione.

Dall'Inghilterra, la stessa federazione delle società segrete ha molto collaborato alla diffusione nel mondo del protestantesimo allo scopo di meglio combattere la romanità, cioè l'italianità.

In fine, per virtù della massoneria, l'America è stata politicamente aggiogata dall'Inghilterra, formandosi un vasto impero angloamericano dominatore di molte terre e mari. Già Colombo era stato torturato dall'Inquisizione spagnola, che era pure una società segreta.

Naturalmente la colpa dei tormenti inflitti a Colombo e a Napoleone non è degli spagnoli e degli inglesi, ma degli affiliati alle società segrete, che hanno inoltre organizzato la rivoluzione leniniana avvalendosi del fatto che l'occultismo è in favore nelle classi popolari russe. Tutta la gloria del bolscevismo non è di Lenin : prima della sua venuta, già da secoli un terzo della popolazione russa apparteneva alle sette occulte ; e tutte avevano a fondamento l'idea comunista. Alcune, i " Molokany " e i " Doukobors", le sette razionaliste, si limitavano a proclamare la comunità dei beni materiali ; ma i "Klysti " vanno più lontano : per essi anche l'amore e i rapporti sessuali debbono essere collettivi. Ecco la spiegazione del fenomeno Raspoutine, e la prova che la dottrina rivoluzionaria russa e il superliberalismo anglo-americano sono sistemi sociali assai primitivi. Ma anche la rivelazione che al bolscevismo russo non sono stati estranei i congiurati del centro inglese delle potenze occulte. Lo dice chiaramente Troztski nel suo libro (Dove va l'Inghilterra) scritto dopo la morte di Lenin, nel 1924, al tempo dello sciopero generale inglese. Il rivoluzionario, che era stato agente della società segreta poliziesca zarista (Okhrana) , non lesina in questo libro i rimproveri al *banale* uomo politico — come egli chiama poco rispettosamente Mac Donald — che non mantenne la promessa di estendere il comunismo all'Inghilterra. Le sette segrete russe hanno creato la rivoluzione russa, e il fanciullo terribile Karenski ha dichiarato pubblicamente che della *Okharana* facevano parte anche i dirigenti della U.R.S.S. Kamenef e Lounaciarski. Conseguentemente, il terrorismo era sistema di governo delle società occulte molto prima della venuta di Lenin, come ha scritto in un suo recente libro il generale Guerassimov, che ha diretto il terrorismo in Russia dal 1909 al 1912, anni di intensa attività criminale. Egli afferma che la *Okhrana* zarista aveva gli stessi sistemi terroristici della *Ceka* leniniana, e le due società segrete non avevano di diverso che il nome.

Come per la rivoluzione francese e il protestantesimo, così per la rivoluzione russa, il gioco delle società segrete è evidente : fiaccare la potenza delle nazioni europee, distruggere il sentimento religioso e l'ideale della patria, per meglio dominare al meglio del terrore.

Sono circa cinque milioni di uomini che riescono a tenere in scacco tutta l'umanità.

Il più superficiale osservatore dovrà convenire che i francesi di Robespierre non possono dare lezioni di umanità ai rivoluzionari russi di Lenin : i francesi usarono più ipocrisia a uccidere il loro re e gli aristocratici, ma diedero prova di incomparabile ferocia. Non sono stati i francesi, non i russi, a commettere gli atti orrendi, ma la colpa è dei direttori delle società segrete, cioè degli uomini senza nazionalità e senza cuore. Certamente non sono da confondersi con gli inglesi, ottimi cittadini e gente di buon senso. Fin quando i congiurati viventi nel suolo dell'Inghilterra non daranno fastidi e saranno utili, è saggia politica tenerseli in casa. Nè alcuno può trovare nulla a ridire.

Comunque, all'infuori degli inglesi, non c'è chi non veda che ci troviamo in presenza di una vera forza elementare che deve essere studiata non soltanto dal punto di vista religioso, ma anche dal punto di vista sociale e politico. Gli occultisti, ovunque operanti, hanno lo scopo di liberare l'uomo dalla morale tradizionale per poterlo asservire a una dittatura materialistica, a un impero cui manca la fede e l'etica, cioè i coefficienti necessari di vitalità. Forse proprio per questo, gli inglesi non tollereranno più a lungo gli occultisti in casa loro. Ma tale problema non ci riguarda.

Comunisti, socialisti, liberalisti, sono i nomi palesi di questi segreti cospiratori, e la democrazia è la veste politica con la quale si ammantano i dirigenti il pensiero giudaico-massonico.

La guerra mondiale del 1914 è stata sfruttata da questi tenaci disturbatori della pace, sciacalli che si nutrono del sangue umano e depredano le spoglie dei morti. Il loro programma era questo : caduta delle monarchie europee, smembramento delle grandi nazioni europee ; vollero, a loro modo, democratizzare l'Europa, distruggere la potenza del vasto impero russo, far passare la ricchezza nelle mani dei dirigenti le sette segrete e costituire la società delle nazioni allo scopo di evitare le guerre non giovevoli agli interessi dell'occultismo. Il Presidente americano Wilson non ha mai nascosto il suo ideale massonico ; nel congresso internazionale massonico di Lisbona del 13 maggio 1917 Magalhaes Lima, Gran Maestro della massoneria portoghese, ha detto : la vittoria degli alleati deve essere il trionfo principii massonici " .

Come potevamo sperare in una buona pace noi romani e cristiani?

Il maggior numero delle logge massoniche è quasi totalmente composto di ebrei, di quegli ebrei che veramente non hanno patria ; e lo spirito della massoneria è quello del giudaesimo nelle sue credenze più fondamentali, le sue idee, la sua lingua, quasi la sua

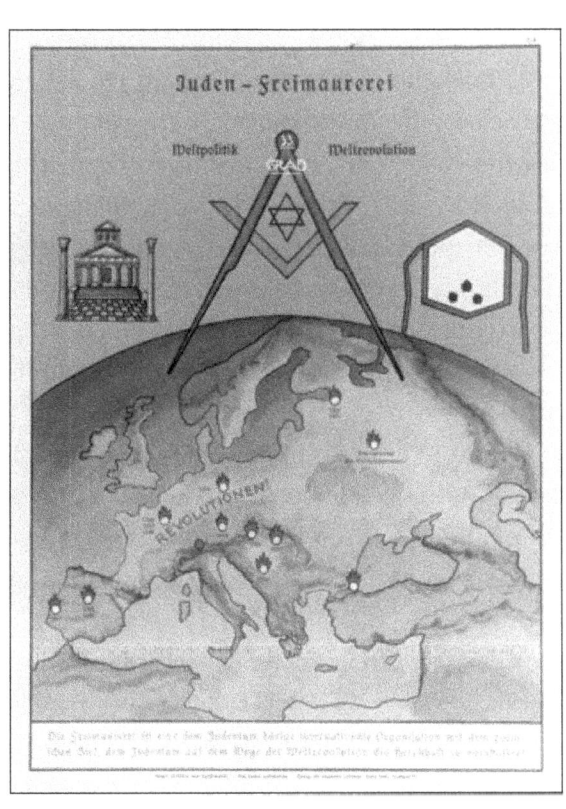

stessa organizzazione. Ebraici sono i riti delle società massoniche, che derivano tutti dalla kabala.

Siccome l'infecondità è uno dei canoni essenziali degli occultisti, così pure lo schiavismo che spenge la virilità degli uomini e la tratta delle bianche che distrugge le giovani madri ancor prima che esse abbiamo potuto conoscere le gioie della creazione, sono incoraggiati e protetti dagli uomini rinnegatori della patria. L'Associazione segreta ebraica *Zwy Migdal* che ha filiali in tutto il mondo, ad eccezione di poche nazioni occidentali e delle nazioni asiatiche, svolge principalmente la sua azione in America. Il suo programma è lo sfruttamento razionale delle schiave bianche, e tale commercio ha i suoi agenti e i suoi capi che viaggiano in aeroplano come si conviene a persone modernissime. La polizia al servizio dei governi diretti dalle società segrete non si preoccupa di far finire questo infame commercio, e adottano soltanto il provvedimento di lasciare liberi gli sfruttatori di donne di recarsi altrove nel territorio nazionale ; e non è usato il sistema di espulsione dai confini segnando nel passaporto la professione delle persone indesiderabili, onde mettere in guardia le altre nazioni.

In Ungheria, negli anni della guerra del 1914 e in quelli precedenti, si confusero massoneria e giudaismo. Il testo del libro contenente la costituzione della Gran Loggia di Budapest, stampato nel 1905, porta la data ebraica dell'era 5886, ed è tutto in lingua ebraica. Durante la guerra del 1914 gli ebrei di Ungheria hanno diffuso nelle trincee a migliaia il giornale antimilitarista *Vilag*, la cui propaganda contro lo studio dell'idioma ungherese e contro il sentimento patriottico è nota a tutti. Così l'Ungheria, spinta alla guerra dalle società segrete, era dalle stesse votata alla sconfitta e alla completa distruzione.

Alcun tempo prima dell'assassinio politico dell'arciduca Francesco Ferdinando d'Austria, un importante massone svizzero aveva detto : " è triste che l'erede al trono di Austria sia condannato, ma egli morirà senza dubbio sui gradini del trono " . Queste parole profetiche possono leggersi nella Revue des Sociétés Secrètes del 15 settembre 1912. Infatti il 28 giugno 1914, l'arciduca e sua moglie cadevano uccisi a Sarajevo. Il 12 ottobre 1914 uno degli assassini, Cabrinovic, affermava tranquillamente ai giudici del consiglio di guerra che " la massoneria prevede gli attentati politici " . Uno degli assassini, Princip, era ebreo. I dirigenti della società segreta serba *Narodna Odbrana* che avevano organizzato il delitto erano affiliati alla massoneria internazionale.

Ebrei, e facenti parte delle società segrete di Jugoslavia, erano gli assassini di Marsiglia che uccisero il 9 ottobre 1934 il re Alessandro di Jugoslavia e Luigi Barthou.

Le donne collaborarono all'opera delle sette occulte a mezzo della Società Teosofica e della Massoneria Mista, unite in unica federazione femminile. La massoneria mista al pari della società teosofica è diffusa in Inghilterra e negli Stati Uniti di America, anzi può dirsi soltanto in queste due nazioni. Ed ebbe il massimo incremento quando la signora Annie Besant, capitanessa della Società Teosofica, divenne vice presidentessa del Supremo Consiglio della Massoneria Mista Universale e delegata nazionale di questo per la Gran Bretagna e Dominions. Le logge femminili miste sono circa cinquecento.

Per comprendere esattamente gli scopi della Società Teosofica, basta leggere ciò che scriveva nel marzo 1927 Lady Emily Luytens fedele seguace di Annie Besant : " noi assistiamo alla nascita di una nuova coscienza mondiale, di una nuova civiltà. Lo spirito cristiano deve cedere dinanzi al pensiero moderno e il nuovo Vangelo verrà annunziato dal nostro profeta Krishnagi : è il regno della felicità sulla terra. ".

Questo paradiso terrestre organizzato dalle signore affiliate alle sette segrete è il socialismo. Nella " Life of Annie Besant " di Goeffrey West si legge che il 25 luglio 1924 ebbe luogo un meeting al Queen's Hall di Londra in onore della signora Besant. Tra gli altri messaggi si lessero quelli di Ramsey Mac Donald e di Lord Haldane, i quali resero per scritto omaggio all'opera svolta in un cinquantennio dalla socialista, riformatrice e educatrice delle masse. Dall'episodio in verità banale di questo simposio di donne infeconde, si è portati a considerare un fatto notevole : che la distruzione della civiltà di cui Giulio Cesare fu il primo araldo nel mondo è stata varie volte decisa nel centro inglese degli occultisti; e non per caso scrittori a servizio delle società segrete hanno tentato con lazzi di discreditarlo. Ma vana è stata la fatica retorica, perchè non basta il mare a sommergere Roma e i fatti di Cesare.

E' interessante ricordare che la signora Besant in quell'anno 1924 pronunziò a Bombay un discorso e disse : " io ho lavorato per conto del partito degli operai e sono stata fino al 1884 membro della Società *Fabienne* , alla quale appartengono molti ministri inglesi, società destinata a preparare il terreno al socialismo. Noi lavoriamo per un movimento particolare, per un nuovo cielo e una nuova era da costruire sulle rovine dell'antica civiltà. " Tutti comprenderanno che l'antica civiltà da abbattere è quella latina, è quella cristiana, è quella italiana.

Le società segrete sono state soppresse in Ungheria, ma sono invece attualmente in grande onore in America, dove vivono e operano due terzi dei massoni sparsi nel mondo. E risulta chiara l'influenza dei nomadi della massoneria americana, se si pensa che a Chicago c'è l'Ordine di *Bnai Brith* fondato nel 1843 che comprende circa cinquecento logge e ottantamila affiliati tutti ebrei. Nessuno mette in dubbio la perfetta armonia che regna tra la massoneria inglese e quella americana, tra i nomadi d'Inghilterra e i loro compagni di America.

Mentre giunge notizia che in America il pollicultore Joseph Schechter, che non aveva denaro per comprare il becchime necessario a mantenere in vita i suoi volatili, ha dato, senza volerlo, un colpo terribile alla N.R.A. La Corte Suprema, giudicando circa il suo reclamo, ha con sentenza del 27 maggio u.s. reso utile il lodevole esperimento tentato da Roosevelt per riorganizzare la vita economica della nazione. Gli americani che volontariamente si erano assoggettati alle riforme corporative sono un'altra volta in balia della lotta di classe. Crisi di regime dunque è questa odierna degli Stati Uniti d'America, e non provocata soltanto dal misero pollicultore.

La crisi ministeriale che contemporaneamente ha turbato la Francia, e l'esodo di molto oro francese in Inghilterra, furono provocate dalla speculazione borsistica contro il franco e dalla violenta campagna giornalistica in favore dell'inflazione. Il miraggio è la ricostituzione del *cartello*, cioè della coalizione del partito radico-socialista, del partito collettivista S.F.I.O. di Leon Blum e del partito comunista, tutti alle dirette dipendenze della massoneria. Crisi di regime è questa francese, e non soltanto provocata dal desiderio di proteggere il franco.

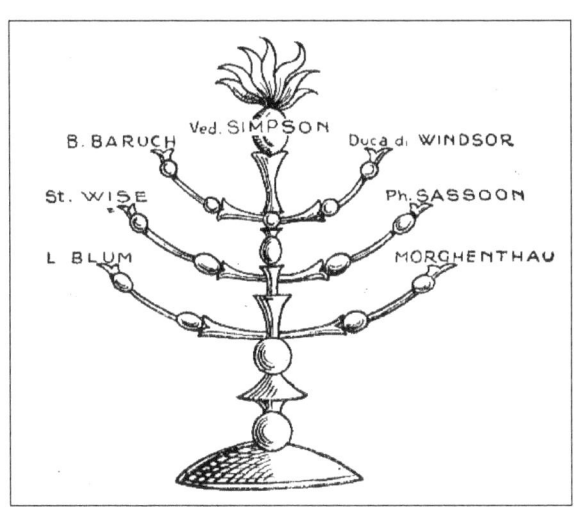

Si vuole punire la Francia di voler difendere la civiltà latina e il suo buon nome ; di avere fatto luce, nel periodo dello scandalo ebraico-massonico di Staviski, sui segreti delle sette occulte. Roosevelt è stato messo in castigo per avere tentato di organizzare la vita economica del suo paese onestamente, attirandosi le ire delle società segrete e svelandone i malefici in materia economica, le diserzioni fiscali, e la complicità con i *gangsters* . Ed è bene che tali fatti siano avvenuti contemporaneamente in Francia e in America. I francesi e gli americani sapranno tutelare l'integrità nazionale dagli attacchi di pochi uomini al servizio di interessi stranieri.

Ancora una volta il parlamentarismo e i partiti politici si sono dimostrati complici di potenze antinazionali cui interessa soprattutto mettere le mani nelle finanze nazionali. Le speculazioni borsistiche, il panico dei risparmiatori e le sollevazioni degli operai sono i sistemi usati dalle società segrete; ed indicano sia in America che in Francia da dove vengono i colpi. Non furono i movimenti spartachisti in Germania e quelli di Bela Kum in Ungheria organizzati e attuati dalle società segrete? E la rivoluzione spagnola non è stata preparata in seno alla massoneria internazionale nel tempo in cui il governo francese era completamente nelle mani delle società segrete?

In Francia, le persone oneste non hanno avuto il sopravvento. La massoneria ha perduto, dopo i fatti sanguinosi di Parigi del gennaio 1934 e la recente crisi ministeriale, ogni potere: il popolo ne farà giustizia serenamente e pacificamente.

In Spagna, le elezioni del 1933 hanno risvegliato l'opinione pubblica dal letargo e messo in guardia contro l'opera nefasta della massoneria. Le società segrete sono state soppresse in Italia, Germania, Russia, Austria, Ungheria, Turchia. Ovunque è segnata la fine delle potenze occulte, e gli ultimi avvenimenti di America e di Francia la precipiteranno.

L'America se non vuole rinunciare per sempre alla sua potenza, dovrà liberarsi dalla schiavitù massonica, e l'Inghilterra se vuole mantenere il suo prestigio dovrà fare egualmente. Il dilemma è questo : continuare con il sistema terroristico del capitalismo oppressore e degli operai che vogliono liberarsi dall'oppressione, o accettare il sistema corporativo.

In ogni nazione del mondo vi sono due grandi parti : quello dei moltissimi uomini operanti alla luce del giorno per il trionfo dello spirito e l'altro composto di pochi uomini che lavorano nell'ombra per il trionfo del materialismo. Non c'è altro da scegliere. Noi italiani siamo stati i primi a lavorare in pieno sole, ed è per questo che la civiltà moderna con gli ideali del passato e i germi dell'avvenire si è affidata a noi perchè la difendessimo contro chiunque. Siamo in buonissima compagnia e mai come oggi abbiamo avuto alleati un maggior numero di uomini , tutti gli intelligenti e i buoni che non vogliono inutile spargimento di sangue e il ritorno alle epoche barbariche in cui l'uomo era nemico dell'uomo.

Con noi sono anche gli ebrei amanti della loro patria. Con noi sono i cristiani protestanti perseguitati. Con noi sono i popoli ingiustamente oppressi e quelle genti dell'Asia che viva mantengono la fiamma dello spirito. Con noi sono gli emigranti cui è guida il ricordo della patria lontana e del Dio che amarono negli anni felici della giovinezza. Con noi sono gli intellettuali del mondo intero che sanno la verità del brigantaggio politico, delle guerre organizzate per rubare le cose altrui, del vecchiume passatista rivestito di nuovi nomi e dell'anti autarchia spirituale sinonimo di stanchezza e di morte rassegnata.

Non c'è nulla da temere. Le potenze occulte possono liberamente giocare l'ultima partita con gli angeli vendicatori. La lotta non è contro il franco o contro il dollaro. Non vogliono l'inflazione e la deflazione. I moderni diavoli non si preoccupano degli ebrei espulsi dalla patria o sterilizzati, dei russi bianchi torturati, dagli schiavi negri dell'Africa, dei negri linciati in America. Ma vogliono detenere il potere con ogni mezzo, reggere ancora il mondo con le mali arti conosciute, e giuocare in borsa. Ciò non è possibile. Le società segrete rifugiatesi in Inghilterra nell'ora dell'estremo pericolo, quasi entro roca forte inespugnabile, dovranno capitolare, e la lezione che ne riceverà l'Inghilterra sarà questa : dai brevi confini di una piccola nazione si può andare alla conquista dell'universale, ma non è concesso spiccare il volo dalla cima inaccessibile dell'internazionale e raggiungere il cuore delle nazioni siano esse civili o da civilizzare.

Due secoli di storia europea e l'opera delle società segrete ci dicono chiaramente che l'Inghilterra, come qualsiasi altra nazione, non potrà digerire le guerre che gli uomini bianchi combatteranno a difesa della civiltà e degli interessi nazionali. E non basta per parlare di pace o di guerra la commerciale virtù di esportare un terzo del materiale bellico prodotto nel mondo. Infatti risulta dal rapporto della Commissione Parlamentare Inglese del 25 maggio 1935 che l'Inghilterra è la maggior esportatrice di armi. Ciò non impedisce che autarchicamente ognuno produca le armi di cui ha necessità, e non soltanto le armi. Il tempo dei segreti e delle materie prime indispensabili è finito per opera di quella parte divina che è in noi, cioè il genio degli inventori. Nessuna nazione d'ora innanzi sarà al servizio delle potenze occulte, ma ognuna liberamente esprimerà la sua buona essenza per il progresso dell'umanità. In tal modo avremmo fatto un gran passo : alla personalità individuale verrà sostituita la personalità nazionale, diminuendosi la distanza degli uomini a Dio.

Questo è il beneficio delle rivoluzioni del secolo XX, assai maggiori di quelli derivati dal protestantesimo e dalla rivoluzione francese, che possono riassumersi nell'attuale potenza dell'Inghilterra e dell'America. Per duecento anni, gli uomini sono stati uccisi e hanno sofferto indicibili tormenti : si è costituito un impero materialistico. Nel futuro, gli uomini non soffriranno inutilmente e non moriranno anzitempo per così poco.

Non c'è da temere dalla grande offensiva delle potenze occulte che è annunziata, ma a patto di difendersi.

Per vivere ancora bisogna nazionalizzare le nazioni al cento per cento, e nel contempo raggiungere unioni spirituali più vaste. Non è il momento di esitare; e se fosse necessario unire più intimamente in un solo fascio le aspirazioni degli uomini spirituali di Europa e dell'Asia per difendere la civiltà unica, che è la fede e la luce, dagli attacchi dell'occultismo che è oscurità, materialismo e negazione, non abbia timore di farlo. Questo significa difendere la vita futura; ed è il dovere di chi conserva il ricordo dei fatti del passato e prepara ai figli dei figli una nuova gloria. Tutto è meglio che essere schiavi degli uomini senza fede che sono i nemici, per fortuna pochi, dell'Europa, dell'umanità e della energetica.

maggio 1935

I Savi Anziani di Sion

Ho letto il libro sulla Russia, scritto senza ira da una figlia dell'immensa Ucraina, la terra nera e verde dei guerrieri e dei cantori. Vide la mamma che mandava a impegnare i pochi gioielli per procurare paglia e fieno al bestiame affamato; poi, passarono dinanzi ai suoi occhi di bimba il carro con il grano e i foraggi; grande gioia fu in lei, perché comprese di non aver mancato al suo dovere verso la grande madre degli uomini; e mangiò la minestra con un cucchiaio di legno, mentre la terra in silenzio accoglieva le sementi per fecondarle.

Il velo delle lacrime non ha tolto alla Scrittrice la chiarezza dell'intuizione, anzi ha ravvivato in lei la fiaccola profetica che arde in ogni cuore di donna. Chi ascolta i profeti? Nessuno.

Edvige Toeplitz ci mostra il dramma che si svolge nel suo Paese da tanti anni. Ecco gli Slavi: eroi, geni, asceti, ribelli implacabili. E, giustamente, la scrittrice li rassomiglia agli Indiani. Leggendo di questa parentela, ho pensato che furono gli antichi Greci a passare la montuosa regione dell'Himalaya e stabilirsi nell'India. Per ciò nei Russi è il lontano germe di nostra gente, che nessuna forza avversa potrà mai vincere.

La signora Toeplitz racconta: avanza il colono russo verso il cuore dell'Asia sopra una carrozza, va con lui la donna solida e feconda; una mezza dozzina di marmocchi, una santa icone, una ascia, un aratro a chiodo. Quando giunge nelle province conquistate intorno alla Grande Russia costruisce la casa e, acquistato il terreno, vi mette radici. Ecco la patria: intorno, ovunque è la grande madre Russia eguale uniforme fino agli Urali e oltre.

Sapete chi è il vero russo? Un uomo che muore, ma non cede; se la natura è severa con lui, egli è forte con gli elementi. Lascia in eredità la terra conquistata con il proprio sudore ai figli; e questa terra è, come lui, massiccia e compatta. Da nove secoli procede così il contadino russo: e ogni sua conquista tiene ben stretta in pugno. Sopravvive alle invasioni, alle spogliazioni, agli atti di barbarie a suo danno compiuti da chi sfrutta la ingenua anima del sognatore. Umiliato, vilipeso, dissanguato dallo zar, dagli emissari di lui, dagli eredi del potere assoluto, resiste, si direbbe per un prodigio, all'annientamento e, risoluto a non morire, risorge ostinato.

Chi ha spinto questo popolo di gente rassegnata e paziente all'esperienza comunista? Chi ha dato alla Russia il compito di conquistare il mondo e imporre una legge universale? Scrive la Toeplitz che l'attuale riforma morale, e per conseguenza sociale, iniziata, sostenuta, dagli Ebrei, costerà all'umanità torrenti di sangue.

Così scrivendo, mostra ai lettori, in maniera veramente precisa, la fine dell'aristocrazia terriera in Russia e il sorgere del capitalismo integrale di Stato. È interessante mettere in relazione la teoria agraria, dal cui successo dipendono le sorti della rivoluzione comunista, con i Protocolli dei Savi Anziani di Sion, pubblicati nel 1905 dal prof. Sergyei Nilus, e che racchiudono il piano della conquista politica internazionale degli Ebrei. Nel Protocollo II si legge:

«In politica dobbiamo conquistare le proprietà senza alcuna esitazione, se con ciò possiamo ottenere l'assoggettamento altrui e il potere per noi».

Chi avrà la fortuna di leggere il libro della Toeplitz – che come i Protocolli del Nilus sarà quasi ignorato dalle masse dei Gentili – potrà permettersi il lusso di fortemente dubitare del trionfo di queste teorie agrarie. La scrittrice coraggiosa e geniale ci rivela, come nessun ambasciatore o giornalista o uomo politico saprebbe fare, che il contadino russo si sta ribellando aspramente e che le sorti del mondo sono in questo momento nel suo pugno nero e calloso. Egli è disarmato, ma fa parte di un'immensa gente implacabile, mentre contro a lui è la minoranza degli operai e degli uomini di governo armati fino ai denti. La lotta si svolge sorda e terribile, perché il contadino vuole la proprietà della terra e il Governo gliela nega. Chi nel mondo aiuta questo solitario combattente che muore di fame e di tormenti? Nessuno.

Intanto a che pensano gli operai, minoranza del popolo russo? Non è sfuggito all'acuta osservatrice il fatto che teoricamente l'opera dei dirigenti bolscevichi mira all'elevazione delle masse operaie e alla loro evoluzione, ma in realtà le deprime e opprime così come fece, a suo tempo, la repubblica socialista creazione ebraica ormai sorpassata.

Che si propongono i dirigenti della Russia? L'indipendenza economica, l'utilizzazione delle proprie ricchezze naturali, la piena possibilità di bastare a se stessi, e diventare un mondo a sempre più definito [?]. Ma che i bolscevichi vogliano, inoltre, dominare economicamente tutto il mondo, la signora Toeplitz non ha alcun dubbio. Nel suo libro si legge che grazie alla virtù prodigiosa di propaganda degli Ebrei, il Cristianesimo si fece strada; il Bolscevismo, sostenuto dalla stessa capacità di propaganda, ha invaso la Russia e minaccia di estendersi su tutta l'umanità. Ciò non è voluto dal destino né da Dio, ma risponde a un piano prestabilito. Nel 1905 Sergyei Nilus rivelava pubblicamente che tutti gli sforzi degli Ebrei erano concentrati per conquistare la Russia, e che a Mosca, Kiev, Odessa, si trovavano i centri della razza ebraica militante. Nessuno, allora, gli prestò fede. Nessuno, adesso, ascolta le rivelazioni della signora Toeplitz. E gli operai russi che fanno? Ecco ciò che si legge nel Protocollo III:

«Il popolo è assoggettato nella miseria dal sudore della sua fronte e in un modo assai più formidabile che non dalle leggi della schiavitù. La nostra forza consiste nel tenere continuamente l'operaio in uno stato di penuria e impotenza perché così facendo lo teniamo assoggettato alla nostra volontà. La fame conferirà al Capitalismo dei diritti sul lavoratore infinitamente più potenti di quelli che il legittimo potere del Sovrano potesse conferire all'aristocrazia».

Gli Anziani di Sion, cioè i dirigenti internazionali ebrei, si riferiscono al capitalismo di Stato poiché nel Protocollo V si legge:

«Non vi è nulla di più dannoso dell'iniziativa individuale: se è assecondata dall'intelligenza, essa ci può recar maggior danno dei milioni di esseri che abbiamo aizzato a dilaniarsi vicendevolmente. Dobbiamo dare all'educazione della società cristiana un indirizzo tale che le cadano le braccia in tutti i casi nei quali una impresa domandi dell'iniziativa privata. Ne conseguiranno scosse morali, disillusioni, fallimenti. Con questi mezzi li opprimeremo a tal punto che obbligheremo i Cristiani a chiederci di governarli internazionalmente con il Super Governo Universale Ebraico. Potremo così assorbire tutti i poteri governativi del mondo e il nostro Super Governo disporrà di una tale organizzazione che otterrà certamente la sottomissione di tutti i Paesi.»

In Francia, dove attualmente sono molti dei dirigenti ebraici e dove si trova gran parte dell'oro mondiale, nessuno vero Francese dubita che il primitivo progetto della Lega delle Nazioni e il sogno di Briand per un Governo Unico Europeo non costituissero un serio pericolo per la nazionalità francese. E, quel che più conta, a Ginevra già si nota una grande diffidenza per tutto ciò che odora di "internazionale".

Dinanzi agli occhi del lettore di «Sine Ira» sfilano le meraviglie da mille e una notte del Piano Quinquennale: le fabbriche del grano, la Centrale Elettrica del Dniepr con produzione di due milioni e 500.000 kw orari, lo stabilimento di Charkov che produce 50.000 trattori agricoli all'anno, quello di Rostov che produce 436.000 macchine agricole diverse, mietitrici, legatrici, trebbiatrici.

Appare la formidabile industria chimica che serve l'agricoltura statale per i concimi, gli immensi giacimenti di fosforiti che sono adesso sfruttati nel basso Volga; quelli di Hibny nella penisola di Cola che forniscono apatite e formano la base dell'industria dei concimi; gli altri di Leningrado con produzione di 200.000 tonnellate di superfosfati; i giacimenti di Jogorov che servono gli stabilimenti di Mosca con una produzione annua di 400.000 tonnellate di prodotti fertilizzanti fosfatici. Nel campo dei concimi potassici, lavori importanti vengono compiuti sul fiume Kama dove sono le miniere più ricche del mondo a Solikamsk. La produzione della soda si avvia verso la quantità di 1.451.000 quintali. L'acido solforico, la cui produzione è legata strettamente a quella

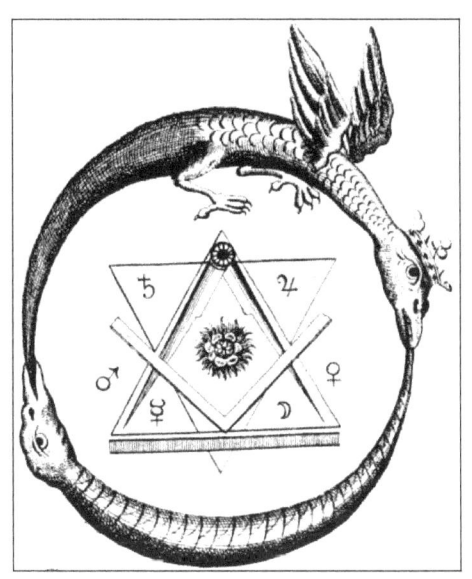

dei concimi, nei soli stabilimenti di Kuznetzk è preventivata in 40.000.000 di quintali all'anno.

Per i metalli, la Russia è uno dei Paesi più ricchi del mondo. Nella regione dei Sette Fiumi si sta costruendo una fonderia in rame con capacità di tonnellate 150.000 annue aumentabili di tre volte, e sarà la maggiore del mondo. Sul fiume Cirik è progettata una Centrale Idro-elettrica e vi sono già fonderie che attendono di lavorare piombo, mercurio, zinco, rame. Si prevede - scrive la Toeplitz – una produzione annua di mercurio di tonnellate 10.000. La Russia è quasi padrona del mercato del manganese formando il 56% dell'intera produzione mondiale. L'America acquista il 35% dell'intera produzione russa per la preparazione degli acciai. L'Italia attinge l'80% del suo fabbisogno in manganese dalla Russia. Nel Piano Quinquennale occupano un posto importante sedici fabbriche di seta artificiale con capacità di produzione di 35.000 tonnellate annue di fibra. Cinque stabilimenti assicurano negli Urali la produzione di un milione di tonnellate di *coke*, ed ivi sorge l'impianto sperimentale per l'idrogenerazione del carbone.

Il Trust Silvichimico di Mosca conta dieci fabbriche di acido acetico sintetico ricavato secondo uno speciale procedimento russo che parte dal carburo di calcio. Alcool metilico puro, aldeide formica, galalite, bachelite, acetone per le polveri senza fumo, gas disciolti, acetilene, sono ora prodotti dalle foreste russe il cui aumento naturale supera persino l'enorme consumo.

Uno sviluppo caratteristico è stato dato all'industria della resina sintetica, delle vernici alla nitrocellulosa e acetilcellulosa per i bisogni dell'industria edilizia e per le fabbriche automobilistiche di Niznij Novgorod che debbono produrre 280.000 automobili all'anno. Il Governo americano, a proposito di vernici, ha stipulato una convenzione con il Governo sovietico.

Conclude la scrittrice di *Sine Ira* che tutto questo è stato fatto da studiosi e da operai in condizioni difficili con scarso nutrimento, e che appena ciò migliorerà il risultato futuro sarà per grandezza tale che noi non potremo prevedere.

"Gli altri governi combattono il boscevismo?", si domanda la Toeplitz; "Non parrebbe", ella risponde. Le Nazioni europee e gli Americani fanno a gara nel fornire macchine, dirigenti di fabbriche, direttori, capitecnici delle svariate aziende. Che avverrà?, si chiede con una certa ansia giustificata la signora Toeplitz. I capitalisti occidentali si trovano dinanzi a un grande dilemma: o saranno pagati per le loro forniture ai Soviet – e allora vorrà dire che l'esperimento sarà riuscito e il cliente russo non comprerà più da noi, anzi invaderà i nostri mercati con i suoi prodotti - o non saranno pagati perché la Russia farà fallimento e allora sarà un salasso di molti miliardi, colpo rude per il nostro capitalismo già esangue.

Quasi tutti hanno aiutato i comunisti con assistenza di uomini e invio di denaro. Oggi, tutti trattano con i dirigenti della Russia industriale che debbono certamente offrire garanzie e promettere sicuri guadagni. Gli industriali tedeschi hanno ottenuto ordinazione per 300 milioni di marchi. A Hitler che grida forte contro gli Ebrei non si può fare a meno di ricordare la seguente conclusione del Nilus al citato libro che svela i segreti dell'Internazionale ebraica:

«... per eccitare l'odio dei loro contro i Gentili, i capi degli Ebrei agiscono da agenti provocatori durante le agitazioni antisemitiche. L'antisemitismo che si manifestò con le persecuzioni degli Ebrei di basso ceto aiutò i capi a controllarli e tenerli in soggezione. I capi degli ebrei non soffrirono mai, né nei loro progressi, né nelle loro posizioni ufficiali di amministratori, durante le agitazioni antisemitiche».

Vennero poi in Russia gli inviati polacchi – scrive la Toeplitz – e le missioni francesi, americane, inglesi, cecoslovacche, finlandesi.

Che i comunisti stiano creando un nuovo capitalismo? Come si potrà impedire che il loro esperimento non degeneri in un'oligarchia concentrata nelle mani degli amministratori delle grandiose ricchezze del reddito nazionale russo, che il bilancio statale del primo triennio del Piano Quinquennale faceva ascendere a 48 miliardi di rubli? Questo chiede la scrittrice dopo aver chiarito ai lettori che in Russia non vi sono più proprietà private, essendo ogni cosa del Demanio all'infuori delle piccolissime proprietà del valore non superiore ai 10.000 rubli, e come i *trust* statali abbiano assorbito tutte le industrie, giacché il 70 per cento degli scambi al minuto si svolgono attraverso le cooperative di consumo parastatali.

Edvige Toeplitz prevede una controrivoluzione futura per opera dei contadini russi, i quali, a differenza degli Ebrei, ubbidiscono a quel subcosciente imperioso dovere verso la terra, profondamente radicato nei popoli che sulla terra lavorano da generazioni.

Per ora i contadini russi, schiacciati sotto il peso degli investimenti statali, dalla creazione dell'industria, dal mantenimento della classe burocratica che ricadono sulle loro spalle, riducono fino all'inverosimile le proprie esigenze pur di rimanere padroni del loro pezzo di terra. Essi muoiono di fame e di malattia, si lasciano deportare in Siberia, ma rifiutano di lavorare come operai nelle aziende agricole statali. Oggi, nel mondo, non c'è nulla di più commovente dello spettacolo di questi uomini ignoranti e analfabeti che non hanno letto i Protocolli di Sion, ma che con il loro sacrificio difendono la Patria, tutte le Patrie degli uomini.

Combattono, spiritualmente, a fianco di questa umile gente oscura, tutti gli uomini del mondo che chiameremo terrestri per contrapporli agli abitatori delle babeliche città di pietra e ai filistei delle marmoree chiese. Ma nessuno muove un dito per soccorrere materialmente i Russi. La ragione deve ricercarsi non nella mancanza di solidarietà umana, non in stolta incomprensione, ma nella assoluta penuria di denaro in cui si trovano i Gentili, agricoltori e non agricoltori, sparsi per il mondo.

Così la lotta si svolge isolata e silenziosa, ma non per questo meno aspra. Il possesso della terra non sarà facile ai comunisti e agli Ebrei che con questi si identificano; malgrado il desiderio chiaramente espresso nel discorso programma tenuto a Praga nel 1880 dal rabbino Reichorn alla solenne adunanza dei rabbini denominata Caleb, che ogni cento anni si tiene sulla tomba del Grande Rabbino Simeon-Ben-Ihuda:

«L'agricoltura sarà sempre la grande ricchezza di ogni Paese. Il possesso delle grandi proprietà terriere apporterà sempre in ogni epoca grandi onori».

Ma la terra, come tutte le cose, è di chi l'ama di più.

I contadini russi soffrono e tengono duro. Sembra che essi dicano: "Faremo i conti alla fine della tragica avventura!" Nel volto di questi martiri splende il sole della fede purissima; essi non dubitano di giovare, con la resistenza, con il sacrificio, con la morte, agli altri che verranno e che sapranno sfruttare l'infinita potenza del dolore, acquisita dall'anima umana, per le conquiste spirituali di tutta l'umanità. Questi eroi dei campi pensano che di tutto gli uomini sapranno trarre vantaggio, anche dal male, poiché hanno saputo valorizzare, in tempi ormai lontani, le sofferenze dei Cristiani e, prima ancora, quasi nella notte dei tempi, i tormentosi viaggi di quei navigatori egei cui lo spettro della fame indicava la fine delle sofferenze e la nascita della Civiltà mediterranea. Sembra che i Russi oggi dicano: "La fame è il segno della divinità, la triste sorella dell'uomo che crea". Così dicendo, ripetono, essi figli dell'Asia, le stesse parole che il duce troiano pronunziò alla foce del Tevere quando vide i suoi uomini divorare le tavole di legno per appetito insaziabile.

Ho detto che il male nasce dal bene. Benefica e utile è infatti la nuova ferrovia russa di Turksib, ultimata un anno prima delle previsioni, che ha un compito strategico di prim'ordine e offre la possibilità di rifornire di grano siberiano l'Asia centrale. La Centrale elettrica del Volga, con i suoi 1.600.000 kw-ora, servirà probabilmente al Continente asiatico agonizzante per mancanza di acqua, poiché i suoi deserti avanzano dal Sud verso il Nord, dall'Est verso Ovest, invadendo la Siberia meridionale e la Russia europea sud-orientale.

I bolscevichi vogliono arrestare il cammino della morte bonificando la steppa della fame del lago Kalkash, i deserti mortiferi del lago di Aral. Sono queste immense plaghe, che da secoli attendono senza respiro come giganteschi esseri antidiluviani accovacciati ai piedi dello scheletro. Stabilizzare la sabbie mobili con piantagioni adatte, attirare sui deserti le precipitazioni atmosferiche con evaporazioni di laghi e di canali artificiali, contrapporre alla forza misteriosa degli uragani dell'Asia centrale la forza elettrica occulta e spaventosa che diretta dagli uomini può generare la vita. Ecco il piano che rivaleggia con la Natura nella sua grandiosità creativa. Che i Russi, oppressi dagli Ebrei erranti, vogliano vincere il nomadismo nella grande Asia desertica? Che gli Ebrei, figli del deserto, vogliano fabbricare tra le sabbie le loro prigioni di pietra?

Io non lo so. La signora Toeplitz, rivelando ogni cosa palese e segreta del bolscevismo, crede e spera che i contadini russi impediranno la vittoria del comunismo ebraico e che la sua Patria potrà rivivere tra non molto con gli uomini divenuti più perfetti per il dolore pazientemente accettato, con le donne consapevoli dei loro diritti. Chiedo scusa alla scrittrice di *Sine Ira* di non aver potuto mettere in luce del suo libro che una piccolissima parte, trascurando, tra l'altro, per intero, quella che riguarda la liberazione della donna. Chi leggerà il libro, troverà pagine di indiscutibile valore artistico, e un'umana palpitante viva narrazione degli stati d'animo femminili del nostro tempo; e vedrà quanto le donne moderne e quelle di domani dovranno alle sorelle russe che, come i contadini, hanno saputo trarre cose meravigliose dagli orridi tormenti e dal martirio.

In Russia, dopo la tempesta, nasceranno uomini con nuovi istinti benefici e con il divino senso del lavoro nel giovane sangue. E tutti, allora, gli uomini del mondo riconosceranno e canteranno ad alta voce le virtù dei martiri russi che, troppe volte, in questi tempi, gli inconsapevoli hanno osato offendere solo perché vestiti di stracci e famelici.

La regina Didone dallo spirito ebraico, con il suo cattivo carattere, spinse Enea innamorato a lasciare, lui solo e povero, le tentazioni e il lusso di Cartagine, a navigare oltre, verso la sofferenza e verso la miseria, rinunciando a tutto, anche all'amore, e da questo sconforto eroico nacque Roma. Gli organizzatori del movimento russo mediterraneo meriteranno eguale lode, cioè, si dirà che hanno portato, inconsapevolmente, anzi malgrado la loro volontà di disordine, una nuova armonia nelle anime umane; liberato l'amore dai vincoli delle coniugali convenienze finanziarie; costretto gli uomini alla sincerità; beneficato i poveri togliendoli dagli orrori della miseria e dall'obbligo di dover assistere allo spettacolo dell'altrui ricchezza.

Che importa a noi se il primitivo e oscuro pensiero dei figli di Sion fosse quello di prendere tutto l'oro del mondo, conservarlo nei forzieri per la sadica voluttà di dominare le pecore pazze?

L'importante è conoscere il gioco, per potersi difendere, e per potere, con suprema bontà, volgere al bene ogni sinistro annunzio.

Novembre 1933

Sine Ira di Edvige Toeplitz Mrozowska, Mondadori, Milano, 1933.
I Protocolli dei Savi Anziani di Sion, «La Vita Italiana», Roma, 1921.

CATALOGO GENERALE

COLLANA "SCRIPTA"

La collana raccoglie tutte le opere, edite ed inedite, di Edoardo Longo.

Opere già pubblicate:

1. **Magistratura criminale. La metastasi della giustizia fra processi politici e processi " paralleli"** ,

2. **Prove tecniche di dittatura. L' attacco giudiziario alla libertà di pensiero nel processo al Fronte Veneto skinheads,**

3. **"Gas – panik !" Intervista esclusiva a Michael Medini, accusato di terrorismo incendiario di banche,**

4. **Medini murato vivo. (Seconda edizione).**

5. **Il delitto di aborto dall' epoca classica al codice Rocco.**

6. **La Costituzione sfregiata.**

7. **Sicofanti. Il pentimento del " reo" e i suoi riflessi sull' ingiustizia penale.**

8. **Toghe e forchette. La giustizia secondo l' ordine forense. (II edizione).**

9. Il volto oscuro della democrazia.

10. Inquisizioni democratiche.

11. L' eclissi della legalità.

12. Democrazia totalitaria e reati d' opinione.

13. Il caso Holy War.

COLLANA "ACTA"

La collana raccoglie atti e documenti processuali elaborati dallo Studio Legale Longo (http://longolegal.blogspot.com/) nell' ambito della attività professionale legale ed aventi un certo interesse giuridico più ampio.

Alcuni di questi testi non sono diffusi e distribuiti, e il loro uso è solo di ambito giudiziario endoprocessuale , quale documentazione utilizzata in vari procedimenti. Altri testi, invece, sono messi in pubblica diffusione, previo consenso scritto del Cliente, diffusione sovente caldeggiata dal cliente stesso.

I testi già pubblicati , tutti dell' avvocato Edoardo Longo, sono i seguenti :

1. Incubo veneziano .
2. Autodifesa. Anatomia di un processo politico.
3. La Costituzione sfregiata.
4. La legge ' Mancino ' : una legge terrorista.
5. La Costituzione sospesa.

COLLANA "VERBA"

La collana raccoglie Opere di valore, inedite in Italia, perché sabotate dalla lobby editoriale trasversale asservita alle centrali del " Pensiero Unico" totalitario. Titoli pubblicati :

1. (Autore Anonimo) , IL MARTIRIO DI PADRE TOMMASO PER MANO GIUDAICA.

2. (Dottor Martinez), ALLE RADICI DEL MALE GIUDAICO.

3. (Raffaele Di Deco), SINAGOGHE DEGLI ORRORI.

4. (Gian Pio Mattogno), IL NON EBREO NELLA LETTERATURA TALMUDICA.

5. (Luigi Magrone), GLI USURAI DELLA TERRA.

6. (Giovanni Gentile), L' EDUCAZIONE DEGLI ITALIANI.

7. (Nazareno Mezzetti), ALFREDO ROCCO , IL GIURISTA DI MUSSOLINI.

8. (Paolo Orano), GLI EBREI IN ITALIA.

9. (Epifanius), IL SOGNO OSCURO DI ISRAELE : IL DOMINIO DEL MONDO.

10. (a cura di Gian Pio Mattogno), GLI USURAI EBREI NELL' ITALIA MEDIEVALE E RINASCCIMENTALE.

11. (a cura di Edoardo Longo), I GIUDEI E L' ACCUSA DEL SANGUE.

12. (Stanislaw Trzeciak), L ' ANTISEMITISMO DAL PUNTO DI VISTA CRISTIANO.

13. (Gian Pio Mattogno), MORALITA' GIUDAICHE.

14. (Mario Bergamo), NOVISSIMO ANNUNCIO DI MUSSOLINI.

15. (Luigi Cabrini), IL POTERE SEGRETO.

16. (a cura di Gian Gaetano Cabella), TESTAMENTO POLITICO DI BENITO MUSSOLINI.

17. (Antonio Martin) , I CATTOLICI E I GIUDEI D' OGGI.

18. (Giuseppe Pavani), MARTIRE A DIECI ANNI PER MANO GIUDAICA.
19. (Mirko Viola), LETTERE DAL CARCERE.

20. (Piero Pellicano), LA DITTATURA DELLE POTENZE OCCULTE.

COLLANA " SAGGISTICA ".

Raccoglie Opere di natura accademica ed universitaria . Titoli pubblicati :

1. (Davide Ros), A PORDENONE SI VOTAVA COSI'.

COLLANA " NARRATIVA ".

Raccoglie Opere di narrativa.

Titoli pubblicati :

1. (Fabio Tonelli) , L' OMICIDIO ESTETICO.
2. (Cabrenti), L' ASSASSINIO DEL CAMPIONE.
3. (Maria Antonietta Pinna), L' OCCHIO CLINICO.
4. (Romualdo Natoli) , IL MISTERO DEL POLIGONO.

Edizioni della Lanterna

Catalogo : http://www.lulu.com/spotlight/antizog

Sito Internet : http://edizionilanterna.blogspot.it/

Tel : 338.1637425 - Email : longolegal@libero.it

EDIZIONI DELLA LANTERNA

Catalogo : http://www.lulu.com/spotlight/antizog

pagina facebook : edizioni della Lanterna

sito : http://edizionilanterna.blogspot.com/

email : edoardolongoedizioni@libero.it - *telefono :* 338.1637425

Le Edizioni della Lanterna pubblicano testi " maledetti" cui la censura della Polizia del Pensiero impedisce di circolare nei circuiti editoriali ufficiali, controllati dalla lobby del " pensiero unico mondiale ".Pubblichiamo testi politici controcorrente, ristampe di classici politici degli ani ' 30, opere dell' avv. Edoardo Longo. E' la sola casa editrice italiana specializzata in libri e documenti sulla malagiustizia imperante e sui processi politici italiani sconosciuti al grande pubblico. In catalogo *32* opere controcorrente. I ricavi delle vendite vengono reinvestiti immediatamente per la pubblicazione di altre opere.

Modalità di acquisto dei libri via web :

- **Alla pagina** http://www.lulu.com/spotlight/antizog : con carta di credito, carta paypal.
- **Alla pagina :** http://blomming.com/mm/edoardolongoedizioni/items : carta di credito, paypal , bonifico, vaglia, assegno, con ricarica telefonica.

Modalità di acquisto via telefono :

- **Chiamando al nr. 338-1637425** : mediante ricariche telefoniche su questo numero (gestore : *poste mobile*).

Modalità di acquisto via posta ordinaria :

- **Scrivendo a :** STUDIO LEGALE LONGO, viale della Libertà , 27 – PORDENONE . (fax : 0434-43130). – scrivendo a questo indirizzo è possibile anche ricevere gratis una copia cartacea del catalogo librario.

IL POTERE SEGRETO

Luigi Cabrini

SINAGOGHE DEGLI ORRORI

Raffaele Di Deco

Opera nr. 43

Lightning Source UK Ltd.
Milton Keynes UK
UKHW010639300322
400828UK00001B/142